KB208965

• 따라 쓰며 암송한다 •

303비전꿈나무
성경말씀 쓰기노트

여운학 엮음

1

규장 • 303비전성경암송학교

꿈나무들이 성경을 암송하며 쓰게 하세요!

우리 303비전꿈나무들이 하나님의 말씀을 더 쉽고 재미있게 암송할 수 있도록 돕는 노트가 나왔습니다. 바로 이 《303비전꿈나무 성경말씀 쓰기노트 1》입니다.

이 노트는 얼핏 보면 어린이들이 한글 쓰기를 처음 배울 때 사용하는 따라 쓰기 노트와 비슷합니다. 하지만 일반적인 노트와 아주 다른, 전혀 새로운 개념의 노트랍니다. 어린이들이 성경말씀을 직접 따라 쓰면서 말씀을 암송하도록 훈련시키는 노트이기 때문이지요.

무릇 암송이란 입술을 열어 소리를 내며 하는 것이 가장 좋습니다. 소리 내어 반복하면서 암송하면 그 자체가 말씀을 묵상하는 일이 되기 때문이지요.

그런데 303비전꿈나무들 가운데에는 글자를 배우기 시작하는 어린 자녀들이 많은 편입니다. 그래서 이왕이면 말씀을 암송시킬 때 노트에 암송할 말씀을 동시에 써보도록 하면 더 좋겠다는 아이디어가 꿈나무 어머니들로부터 나왔습니다. 얼마나 훌륭한 지혜인지요! 말씀을 암송하는 가운데 하나님이 어머니들에게 주신 지혜라고 생각합니다.

우리 어른들은 어렸을 때 한글 쓰기를 배우기 위해 이런 바둑판 같은 노트로 글씨 쓰기를 연습했습니다. 어릴 때부터 직접 글씨를 써보아야 그 말씀의 뜻과 개념이 분명해지고 기억에도 더 오래 남을 것이니까요. 또한 글씨를 아름답게 쓸 줄 알아야 자녀들의 집중력과 학습 능력 증진에도 큰 도움이 되고, 장차 어른이 되어서도 유익할 것입니다. 하물며 하나님의 말씀을 직접 써보면서 글씨 쓰기 연습을 한다면 금상첨화가 아닐까요? 하나님의 말씀도 암송하고 한글도 깨치고, 그야말로 일석이조라 아니할 수 없겠습니다.

성경암송은 어린이들이 어려서부터 말씀이신 하나님을 모셔 들이는 거룩한 훈련입니다. 이제부터는 어린이가 암송하는 말씀을 직접 노트에 쓰는 훈련까지 같이 하도록 해주십시오.

또 '어려서부터' 성경을 알았나니 성경은 능히 너로 하여금
그리스도 예수 안에 있는 믿음으로 말미암아 구원에 이르는 지혜가 있게 하느니라 딤후 3:15

여운학 장로
303비전성경암송학교 교장

303비전꿈나무 모범생 1단계 100절

마땅히 행할 길을 아이에게 가르치라
그리하면 늙어도 그것을 떠나지 아니하리라 잠 22:6

| 일러두기 |
마지막 절 수의 ★표시는 장(편)의 마지막 절임을 뜻합니다.

고린도전서 13:1-13*

쓴 날   년   월   일

고	린	도	전	서	13	:	1	–	13*	

1절

내	가		사	람	의		방	언	과
천	사	의		말	을		할	지	라
도		사	랑	이		없	으	면	
소	리		나	는		구	리	와	
울	리	는		꽹	과	리	가		되
고									

2절

내	가		예	언	하	는		능	력
이		있	어		모	든		비	밀
과		모	든		지	식	을		알
고		또		산	을		옮	길	
만	한		모	든		믿	음	이	
있	을	지	라	도		사	랑	이	

4

없으면 내가 아무
것도 아니요
내가 내게 있는 모
든 것으로 구제하고
또 내 몸을 불사르
게 내줄지라도 사랑
이 없으면 내게 아
무 유익이 없느니라

사랑은 오래 참고
사랑은 온유하며 시
기하지 아니하며 사
랑은 자랑하지 아니
하며 교만하지 아니
하며

무례히 행하지 아니

하며 자기의 유익을
구하지 아니하며 성
내지 아니하며 악한
것을 생각하지 아니
하며

6절
불의를 기뻐하지 아
니하며 진리와 함께
기뻐하고

7절
모든 것을 참으며
모든 것을 믿으며
모든 것을 바라며
모든 것을 견디느니
라

8절
사랑은 언제까지나
떨어지지 아니하되

6

예언도　폐하고　방언
도　그치고　지식도
폐하리라

9절
우리는　부분적으로
알고　부분적으로　예
언하니

10절
온전한　것이　올　때
에는　부분적으로　하
던　것이　폐하리라

11절
내가　어렸을　때에는
말하는　것이　어린
아이와　같고　깨닫는
것이　어린　아이와
같고　생각하는　것이
어린　아이와　같다가

장성한 사람이 되어
서는 어린 아이의
일을 버렸노라
12절
우리가 지금은 거울
로 보는 것 같이
희미하나 그 때에는
얼굴과 얼굴을 대하
여 볼 것이요 지금
은 내가 부분적으로
아나 그 때에는 주께
서 나를 아신 것
같이 내가 온전히
알리라
13절
그런즉 믿음, 소망
, 사랑, 이 세

가지는 항상 있을
것인데 그 중의 제
일은 사랑이라
고린도전서 13 : 1 – 13*

신명기 6:4-9

쓴 날 　 년 　 월 　 일 　 부모 확인

신	명	기	6	:	4	-	9	
이	스	라	엘	아	들	으	라	
우	리		하	나	님	여	호	와
는		오	직	유	일	한		여
호	와	이	시	니				
너	는	마	음	을		다	하	고
뜻	을	다	하	고		힘	을	
다	하	여	네		하	나	님	
여	호	와	를	사	랑	하	라	
오	늘	내	가	네	게		명	
하	는	이	말	씀	을		너	
는	마	음	에	새	기	고		
네	자	녀	에	게	부	지	런	

4절
5절
6절
7절

히　가르치며　집에
앉았을　때에든지　길
을　갈　때에든지　누
워　있을　때에든지
일어날　때에든지　이
말씀을　강론할　것이
며

8절

너는　또　그것을　네
손목에　매어　기호를
삼으며　네　미간에
붙여　표로　삼고

9절

또　네　집　문설주와
바깥문에　기록할지니
라

신명기 6 : 4 — 9

로마서 3:23-24

로	마	서	3	:	23	,	24		
모	든		사	람	이		죄	를	
범	하	였	으	매		하	나	님	의
영	광	에		이	르	지		못	하
더	니								
그	리	스	도		예	수		안	에
있	는		속	량	으	로		말	미
암	아		하	나	님	의		은	혜
로		값		없	이		의	롭	다
하	심	을		얻	은		자		되
었	느	니	라						
로	마	서	3	:	23	,	24		

23절

24절

12

갈라디아서 2:20

갈	라	디	아	서	2	:	20		
내	가		그	리	스	도	와		함
께		십	자	가	에		못		박
혔	나	니		그	런	즉		이	제
는		내	가		사	는		것	이
아	니	요		오	직		내		안
에		그	리	스	도	께	서		사
시	는		것	이	라		이	제	
내	가		육	체		가	운	데	
사	는		것	은		나	를		사
랑	하	사		나	를		위	하	여
자	기		자	신	을		버	리	신
하	나	님	의		아	들	을		믿

는　　민음　안에서　사
는　　것이라
갈라디아서 2 : 20

마태복음 7:7-14

| 마 | 태 | 복 | 음 | 7 | : | 7 | - | 14 | |

7절

구	하	라		그	리	하	면		너
희	에	게		주	실		것	이	요
찾	으	라		그	리	하	면		찾
아	낼		것	이	요		문	을	
두	드	리	라		그	리	하	면	
너	희	에	게		열	릴		것	이
니									

8절

구	하	는		이	마	다		받	을
것	이	요		찾	는		이	는	
찾	아	낼		것	이	요		두	드
리	는		이	에	게	는		열	릴
것	이	니	라						

9절

너희 중에 누가 아
들이 떡을 달라 하
는데 돌을 주며

10절

생선을 달라 하는데
뱀을 줄 사람이 있
겠느냐

11절

너희가 악한 자라도
좋은 것으로 자식에
게 줄 줄 알거든
하물며 하늘에 계신
너희 아버지께서 구
하는 자에게 좋은
것으로 주시지 않겠
느냐

12절

그러므로 무엇이든지

남에게　대접을　받고
자　하는　대로　너희
도　남을　대접하라
이것이　율법이요　선
지자니라

13절

좁은　문으로　들어가
라　멸망으로　인도하
는　문은　크고　그
길이　넓어　그리로
들어가는　자가　많고

14절

생명으로　인도하는
문은　좁고　길이　협
착하여　찾는　자가
적음이라
마태복음 7 : 7 - 14

시편 1:1-6*

시 편 1 : 1 - 6*

1절
복　　있 는　　사 람 은　　악
인 들 의　　꾀 를　　따 르 지
아 니 하 며　　죄 인 들 의
길 에　　서 지　　아 니 하 며
오 만 한　　자 들 의　　자 리
에　　앉 지　　아 니 하 고

2절
오 직　　여 호 와 의　　율 법
을　　즐 거 워 하 여　　그 의
율 법 을　　주 야 로　　묵 상
하 는 도 다

3절
그 는　　시 냇 가 에　　심 은
나 무 가　　철 을　　따 라

18

열매를 맺으며 그
잎사귀가 마르지 아
니함 같으니 그가
하는 모든 일이 다
형통하리로다

악인들은 그렇지 아
니함이여 오직 바람
에 나는 겨와 같도
다

5절

그러므로 악인들은
심판을 견디지 못하
며 죄인들이 의인들
의 모임에 들지 못
하리로다

6절

무릇 의인들의 길은

여호와께서 인정하시나 악인들의 길은 망하리로다

시편 1 : 1 - 6*

시편 23:1-6*

시	편	23	:	1	-	6*		

1절

여	호	와	는		나	의		목	자
시	니		내	게		부	족	함	이
없	으	리	로	다					

2절

그	가		나	를		푸	른		풀
밭	에		누	이	시	며		쉴	
만	한		물		가	로		인	도
하	시	는	도	다					

3절

내		영	혼	을		소	생	시	키
시	고		자	기		이	름	을	
위	하	여		의	의		길	로	
인	도	하	시	는	도	다			

4절

내	가		사	망	의		음	침	한

골	짜	기	로		다	닐	지	라	도
해	를		두	려	워	하	지		않
을		것	은		주	께	서		나
와		함	께		하	심	이	라	
주	의		지	팡	이	와		막	대
기	가		나	를		안	위	하	시
나	이	다							

5절

주	께	서		내		원	수	의	
목	전	에	서		내	게		상	을
차	려		주	시	고		기	름	을
내		머	리	에		부	으	셨	으
니		내		잔	이		넘	치	나
이	다								

6절

내		평	생	에		선	하	심	과
인	자	하	심	이		반	드	시	

22

나를 따르리니 내가
여호와의 집에 영원
히 살리로다
시편 23 : 1 - 6*

시편 100:1-5*

시편 100 : 1 - 5*

1절 온 땅이여 여호와께
즐거운 찬송을 부를
지어다

2절 기쁨으로 여호와를
섬기며 노래하면서
그의 앞에 나아갈지
어다

3절 여호와가 우리 하나
님이신 줄 너희는
알지어다 그는 우리
를 지으신 이요 우
리는 그의 것이니

24

그의 백성이요 그의
기르시는 양이로다

4절

감사함으로 그의 문
에 들어가며 찬송함
으로 그의 궁정에
들어가서 그에게 감
사하며 그의 이름을
송축할지어다

5절

여호와는 선하시니
그의 인자하심이 영
원하고 그의 성실하
심이 대대에 이르리
로다

시편 100 : 1 — 5*

마태복음 5:1-16

부모
확인

마 태 복 음 5 : 1 - 16

1절 예 수 께 서 무 리 를 보
시 고 산 에 올 라 가
앉 으 시 니 제 자 들 이
나 아 온 지 라

2절 입 을 열 어 가 르 쳐
이 르 시 되

3절 심 령 이 가 난 한 자 는
복 이 있 나 니 천 국 이
그 들 의 것 임 이 요

4절 애 통 하 는 자 는 복 이
있 나 니 그 들 이 위 로
를 받 을 것 임 이 요

26

5절

온 유 한　 자 는　 복 이

있 나 니　 그 들 이　 땅 을

기 업 으 로　 받 을　 것 임

이 요

6절

의 에　 주 리 고　 목 마 른

자 는　 복 이　 있 나 니

그 들 이　 배 부 를　 것 임

이 요

7절

긍 휼 히　 여 기 는　 자 는

복 이　 있 나 니　 그 들 이

긍 휼 히　 여 김 을　 받 을

것 임 이 요

8절

마 음 이　 청 결 한　 자 는

복 이　 있 나 니　 그 들 이

하 나 님 을　 볼　 것 임 이

요

9절 화평하게 하는 자는
복이 있나니 그들이
하나님의 아들이라
일컬음을 받을 것임
이요

10절 의를 위하여 박해를
받은 자는 복이 있
나니 천국이 그들의
것임이라

11절 나로 말미암아 너희
를 욕하고 박해하고
거짓으로 너희를 거
슬러 모든 악한 말
을 할 때에는 너희

28

에 게　복 이　있 나 니
기 뻐 하 고　즐 거 워 하 라
하 늘 에 서　너 희 의　상
이 큼 이 라　너 희　전
에　있 던　선 지 자 들 도
이 같 이　박 해 하 였 느 니
라

너 희 는　세 상 의　소 금
이 니　소 금 이　만 일
그　맛 을　잃 으 면　무
엇 으 로　짜 게　하 리 요
후 에 는　아 무　쓸　데
없 어　다 만　밖 에　버
려 져　사 람 에 게　밟 힐
뿐 이 니 라

너희는　　세상의　빛이
라　　산　위에　　있는
동네가　　숨겨지지　　못
할　　것이요

사람이　　등불을　　켜서
말　아래에　　두지　　아
니하고　　등경　위에
두나니　　이러므로　　집
안　모든　　사람에게
비치느니라

이같이　　너희　빛이
사람　앞에　비치게
하여　그들로　너희
착한　행실을　보고
하늘에　계신　너희

아 버 지 께　　영 광 을　　돌
리 게　　하 라
마 태 복 음 5 : 1 － 16

데살로니가전서 2:13

쓴 날   년   월   일

데	살	로	니	가	전	서	2	:	13
이	러	므	로		우	리	가		하
나	님	께		끊	임	없	이		감
사	함	은		너	희	가		우	리
에	게		들	은		바		하	나
님	의		말	씀	을		받	을	
때	에		사	람	의		말	로	
받	지		아	니	하	고		하	나
님	의		말	씀	으	로		받	음
이	니		진	실	로		그	러	하
도	다		이		말	씀	이		또
한		너	희		믿	는		자	
가	운	데	에	서		역	사	하	느

13절

니라

데살로니가전서 2 : 13

요한복음 1:1-18

요	한	복	음		1	:		1	-	18	

1절

태	초	에		말	씀	이			계	시	
니	라		이		말	씀	이			하	
나	님	과		함	께		계	셨	으		
니		이		말	씀	은			곧		
하	나	님	이	시	니	라					

2절

그	가		태	초	에			하	나	님	
과		함	께		계	셨	고				

3절

만	물	이		그	로		말	미	암		
아		지	은		바		되	었	으		
니		지	은		것	이		하	나		
도		그	가		없	이	는			된	
것	이		없	느	니	라					

그 안에 생명이 있

었으니 이 생명은

사람들의 빛이라

빛이 어둠에 비치되

어둠이 깨닫지 못하

더라

하나님께로부터 보내

심을 받은 사람이

있으니 그의 이름은

요한이라

그가 증언하러 왔으

니 곧 빛에 대하여

증언하고 모든 사람

이 자기로 말미암아

믿게 하려 함이라

8절 그는 이 빛이 아니

요 이 빛에 대하여

증언하러 온 자라

9절 참 빛 곧 세상에

와서 각 사람에게

비추는 빛이 있었나

니

10절 그가 세상에 계셨으

며 세상은 그로 말

미암아 지은 바 되

었으되 세상이 그를

알지 못하였고

11절 자기 땅에 오매 자

기 백성이 영접하지

아니하였으나

36

12절

영접하는 자 곧 그
이름을 믿는 자들에
게는 하나님의 자녀
가 되는 권세를 주
셨으니

13절

이는 혈통으로나 육
정으로나 사람의 뜻
으로 나지 아니하고
오직 하나님께로부터
난 자들이니라

14절

말씀이 육신이 되어
우리 가운데 거하시
매 우리가 그의 영
광을 보니 아버지의
독생자의 영광이요

은	혜	와		진	리	가		충	만
하	더	라							
요	한	이		그	에		대	하	여
증	언	하	여		외	쳐		이	르
되		내	가		전	에		말	하
기	를		내		뒤	에		오	시
는		이	가		나	보	다		앞
선		것	은		나	보	다		먼
저		계	심	이	라		한		것
이		이		사	람	을		가	리
킴	이	라		하	니	라			
우	리	가		다		그	의		충
만	한		데	서		받	으	니	
은	혜		위	에		은	혜	러	라
율	법	은		모	세	로		말	미

15절

16절

17절

38

암아 주어진 것이요
은혜와 진리는 예수
그리스도로 말미암아
온 것이라
본래 하나님을 본
사람이 없으되 아버
지 품 속에 있는
독생하신 하나님이
나타내셨느니라
요한복음 1 : 1 ～ 18

고린도후서 5:17

고	린	도	후	서	5	:	17	
그	런	즉		누	구	든	지	그
리	스	도		안	에		있	으	면
새	로	운		피	조	물	이	라
이	전		것	은		지	나	갔	으
니		보	라		새		것	이
되	었	도	다					
고	린	도	후	서	5	:	17	

17절

40

요한복음 15:1-17

쓴 날   년   월   일   부모 확인

요	한	복	음	15	:	1	-	17	

1절

나	는		참	포	도	나	무	요	

내		아	버	지	는		농	부	라

2절

무	릇		내	게		붙	어		있

어		열	매	를		맺	지		아

니	하	는		가	지	는		아	버

지	께	서		그	것	을		제	기

해		버	리	시	고		무	릇	

열	매	를		맺	는		가	지	는

더		열	매	를		맺	게		하

려		하	여		그	것	을		깨

끗	하	게		하	시	느	니	라	

3절

너	희	는		내	가		일	러	준

말로　이미　깨끗하여

졌으니

4절

내　안에　거하라　나

도　너희　안에　거하

리라　가지가　포도나

무에　붙어　있지　아

니하면　스스로　열매

를　맺을　수　없음같

이　너희도　내　안에

있지　아니하면　그러

하리라

5절

나는　포도나무요　너

희는　가지라　그가

내　안에,　내가　그

안에　거하면　사람이

열 매 를 　 많 이 　 맺 나 니
나 를 　 떠 나 서 는 　 너 희
가 　 아 무 　 것 도 　 할
수 　 없 음 이 라

6절

사 람 이 　 내 　 안 에 　 거
하 지 　 아 니 하 면 　 가 지
처 럼 　 밖 에 　 버 려 져
마 르 나 니 　 사 람 들 이
그 것 을 　 모 아 다 가 　 불
에 　 던 져 　 사 르 느 니 라

7절

너 희 가 　 내 　 안 에 　 거
하 고 　 내 　 말 이 　 너 희
안 에 　 거 하 면 　 무 엇 이
든 지 　 원 하 는 　 대 로
구 하 라 　 그 리 하 면 　 이

루	리	라							
너	희	가		열	매	를		많	이
맺	으	면		내		아	버	지	께
서		영	광	을		받	으	실	
것	이	요		너	희	는		내	
제	자	가		되	리	라			
아	버	지	께	서		나	를		사
랑	하	신		것		같	이		나
도		너	희	를		사	랑	하	였
으	니		나	의		사	랑		안
에		거	하	라					
내	가		아	버	지	의		계	명
을		지	켜		그	의		사	랑
안	에		거	하	는			것	같
이		너	희	도		내		계	명

44

을　　　지 키 면　　　내　　　사 랑

11절

안 에　　　거 하 리 라

내 가　　　이 것 을　　　너 희 에

게　　　이 름 은　　　내　　　기 쁨

이　　　너 희　　　안 에　　　있 어

너 희　　　기 쁨 을　　　충 만 하

게　　　하 려　　　함 이 라

12절

내　　　계 명 은　　　곧　　　내 가

너 희 를　　　사 랑 한　　　것

같 이　　　너 희 도　　　서 로

사 랑 하 라　　　하 는　　　이 것

이 니 라

13절

사 람 이　　　친 구 를　　　위 하

여　　　자 기　　　목 숨 을　　　버

리 면　　　이 보 다　　　더　　　큰

14절
사랑이 없나니
너희는 내가 명하는
대로 행하면 곧 나
의 친구라

15절
이제부터는 너희를
종이라 하지 아니하
리니 종은 주인이
하는 것을 알지 못
함이라 너희를 친구
라 하였노니 내가
내 아버지께 들은
것을 다 너희에게
알게 하였음이라

16절
너희가 나를 택한
것이 아니요 내가

너희를 택하여 세웠
나니 이는 너희로
가서 열매를 맺게
하고 또 너희 열매
가 항상 있게 하여
내 이름으로 아버지
께 무엇을 구하든지
다 받게 하려 함이
라

17절 내가 이것을 너희에
게 명함은 너희로
서로 사랑하게 하려
함이라
요한복음 15 : 1 - 17

유니게 3단계 성경암송 100절 따라 쓰기

303비전꿈나무 성경말씀 쓰기노트1

초판 1쇄 발행 2014년 8월 6일
초판 19쇄 발행 2021년 9월 8일

지은이 여운학

펴낸이 여진구
펴낸곳 규장

주소 137-893 서울시 서초구 매헌로 16길 20(양재2동) 규장선교센터
개최문의 02)575-0691(영육구원) 010-8732-0697
전화 02)578-0003 팩스 02)578-7332

인터넷홈페이지
303비전장학회 Holyisulbi.Godpeople.com
303비전성경암송학교 HoneyBee.Godpeople.com
페이스북 www.facebook.com/303vision

등록일 1978.8.14. 제1-22

ⓒ 저자와의 협약 아래 인지는 생략되었습니다.
이 출판물은 저작권법에 의해 보호를 받는 저작물이므로 무단 전재와 무단 복제를 할 수 없습니다.

책값 뒤표지에 있습니다.
ISBN 978-89-6097-369-5 04230
     978-89-6097-368-8 (세트)

이 도서의 국립중앙도서관 출판시도서목록(CIP)은 서지정보유통지원시스템 홈페이지(http://seoji.nl.go.kr)와
국가자료종합목록구축시스템(http://www.nl.go.kr/kolisnet)에서 이용하실 수 있습니다.
(CIP제어번호 : CIP2014022787)

규 | 장 | 수 | 칙

1. 기도로 기획하고 기도로 제작한다.
2. 오직 그리스도의 성품을 사모하는 독자가 원하고 필요로 하는 책만을 출판한다.
3. 한 활자 한 문장에 온 정성을 쏟는다.
4. 성실과 정확을 생명으로 삼고 일한다.
5. 긍정적이며 적극적인 신앙과 신행일치에의 안내자의 사명을 다한다.
6. 충고와 조언을 항상 감사로 경청한다.
7. 지상목표는 문서선교에 있다.

하나님을 사랑하는 자 곧 그의 뜻대로 부르심을 입은 자들에게는 모든 것이 合力하여 善을 이루느니라 (롬 8:28)

Member of the
Evangelical Christian
Publishers Association

규장은 문서를 통해 복음전파와 신앙교육에 주력하는 국제적 출판사들의
협의체인 복음주의출판협회(E.C.P.A:Evangelical Christian Publishers
Association)의 출판정신에 동참하는 회원(Associate Member)입니다.